NOTICE BIOGRAPHIQUE

SUR

SAINT ANTOINE LE GRAND

PATRIARCHE DES CÉNOBITES

Par l'abbé M. DURAND

CURÉ D'ALMENÈCHES

AUTEUR DE LA VIE DE SAINTE OPPORTUNE

BAR-LE-DUC

TYPOGRAPHIE DES CÉLESTINS — BERTRAND

36, RUE DE LA BANQUE, 36

—

1879

E

iRAND

ND

NL

BERTRAND

NOTICE BIOGRAPHIQUE

SUR

SAINT ANTOINE LE GRAND

PATRIARCHE DES CÉNOBITES

Par l'abbé M. DURAND

CURÉ D'ALMENÈCHES

AUTEUR DE LA VIE DE SAINTE OPPORTUNE

BAR-LE-DUC

TYPOGRAPHIE DES CÉLESTINS — BERTRAND

36, RUE DE LA BANQUE, 36

—

1870

ÉVÊCHÉ

DE

SÉEZ

—

Le 12 décembre 1878.

MONSIEUR LE CURÉ,

Vous avez entrepris de rendre populaire dans notre diocèse la dévotion envers saint Antoine, et dans ce but vous venez de composer la Vie abrégée du grand Patriarche des Cénobites en Orient, que vous soumettez à notre approbation.

Nous vous félicitons de cette heureuse inspiration et du zèle que vous déployez à glorifier les saints. Nous souhaitons vivement voir nos fidèles diocésains prendre goût à ces pieuses lectures dans lesquelles l'attrait du merveilleux s'allie si bien aux leçons de morale les plus pratiques.

Agréez, Monsieur le Curé, l'assurance de mon affectueux attachement.

† CH.-FRÉD.,

Év. de Séez.

A M. l'Abbé Durand, curé d'Almenèches.

INTRODUCTION

Quarante fois l'Eglise a inscrit dans le catalogue des saints le nom d'*Antoine*. Parmi tous ces Bienheureux qui portent le même nom, deux en particulier sont plus connus et ont un culte plus populaire : *Saint Antoine le Solitaire*, surnommé *le Grand*, et *saint Antoine de Padoue*.

Ce dernier, né à Lisbonne, l'an 1195, était religieux de l'Ordre de Saint-François d'Assise. Après avoir converti un grand nombre d'hérétiques et de pécheurs par ses éloquentes prédications, il mourut à Padoue le 13 juin 1231, âgé de trente-six ans. On l'invoque surtout pour retrouver les objets perdus.

Au jour de son baptême, il avait reçu le nom de Ferdinand ; mais ayant pris l'habit religieux dans un couvent dont saint Antoine le Grand était le patron, par respect pour ce Bienheureux, il changea son nom de Ferdinand en celui de l'illustre Patriarche des Cénobites dont nous allons raconter brièvement l'histoire.

Saint Athanase, évêque d'Alexandrie, contemporain et ami intime de ce grand saint, a consigné dans un ouvrage spécial les principaux traits de cette existence tout extraordinaire. C'est à cette source autorisée que nous avons puisé la plupart des documents offerts à la piété de nos lecteurs.

SAINT ANTOINE LE GRAND

PATRIARCHE DES CÉNOBITES

CHAPITRE I.

Naissance de saint Antoine. — Son éducation. — Ses premières épreuves. — Il donne ses biens aux pauvres. — Il quitte sa sœur. — Dieu l'appelle dans la solitude. — Ferveur du jeune anachorète. — Ses austérités. — Ses tentations. — Ses combats avec le démon. — Le Seigneur vient à son secours et lui assure sa protection.

L'an de grâce 251, Antoine naquit au village de Côme, près d'Héraclée, dans la Haute-Egypte. Ses parents, aussi distingués par leur piété que par leur fortune, le consacrèrent au Seigneur dès sa plus tendre enfance, et voulurent avant tout faire de lui un vrai chrétien. Pour garantir plus sûrement son innocence contre les mauvais exemples trop fréquents parmi les jeunes gens, ils ne lui permirent point de quitter la maison paternelle ni de fréquenter les écoles publiques. Moins soucieux d'orner son esprit par l'étude des belles-lettres que de former son cœur à la vertu, ils lui apprirent simplement à lire et à écrire correctement la langue de leur pays.

Le jeune Antoine avait une de ces natures ardentes, de ces âmes fortement trempées, de ces volontés énergiques pour lesquelles les obstacles et les sacrifices ne paraissent rien et qui, bien dirigées, sont capables des vertus les plus héroïques.

Vivant dans une atmosphère toute parfumée de la bonne odeur de Jésus-Christ, n'ayant sous les yeux que des exemples édifiants, protégé contre le souffle empoisonné du monde, il marchait à grands pas dans la voie de la perfection; et dans son tendre cœur, comme dans une terre fertile, l'humilité et l'esprit de mortification s'enracinèrent profondément.

De son côté le Seigneur ornait des grâces les plus précieuses ce vase d'élection qui devait briller dans l'Eglise avec tant d'éclat, et le remplissait des suaves délices de la divine charité. Mais bientôt allait arriver le temps des épreuves. La divine Providence, comme pour le préparer aux terribles combats qui lui étaient réservés, laissa souffler contre lui le vent de la tribulation et approcha de ses lèvres le calice de la douleur.

Antoine n'avait pas encore atteint sa vingtième année, lorsque la mort frappa presque du même coup son père et sa mère. Devenu orphelin, abandonné à lui-même, à la tête d'une fortune considérable, chargé d'une sœur en bas âge, que va-t-il devenir ? Il tourne vers le ciel ses yeux baignés de pleurs et, entièrement soumis aux desseins adorables du Père céleste qui ne permet rien que pour le bien de ses élus, il s'abandonne de la manière la plus complète entre les mains de la volonté divine. Au lieu de captiver son cœur, la grande fortune qui lui revient en héritage est pour lui un embarras et un ennui ; il s'estimerait heureux de la sacrifier tout entière à Celui qui, dans le ciel, rend au centuple ce que sur la terre on a quitté pour son amour.

La volonté divine ne tarda pas à se manifester. Absorbé dans ces pensées, Antoine entre un jour dans l'église. La première parole qu'il entend est celle-ci : « Si vous voulez être parfait, allez, vendez ce que vous avez, donnez-le aux pauvres, puis venez et suivez-moi ». Persuadé que c'est à lui-même qu'elle est adressée, il rentre chez lui et se met en devoir d'obéir à l'ordre du souverain Maître. Il abandonne à ses voisins cent quarante arpents d'excellente terre, à la seule charge de payer au trésor public ce qu'il pourrait lui devoir. Puis il distribue aux pauvres l'argent provenant de la vente de ses autres biens. A peine réserve-t-il le strict nécessaire pour l'entretien de sa sœur ; car, comme lui, elle n'aspirait qu'à se donner à Dieu. Dans les environs, de pieuses vierges instruisaient les jeunes personnes ; Antoine s'empressa de leur confier sa sœur et reçut la promesse qu'elles en prendraient le soin le plus religieux. Son espérance ne fut point trompée : plus tard, en effet, la jeune fille devint elle-même supérieure de cette communauté naissante, et, après l'avoir édifiée pendant sa vie par ses vertus, elle mourut saintement.

Ainsi débarrassé de ses biens et de tous les soins

de la terre, Antoine est tout prêt à marcher dans les sentiers où la voix du Seigneur l'appellera. A cette époque il n'y avait point encore de monastères ; seulement on voyait certaines personnes quitter leur famille ét se retirer dans des lieux solitaires pour vaquer plus facilement à l'oraison et pratiquer la vie ascétique. Antoine se sentit poussé par l'Esprit-Saint vers ce genre de vie, et il l'embrassa avec ardeur. Semblable, dit saint Athanase, à l'abeille industrieuse, qui va butiner sur les diverses fleurs les parfums les plus exquis pour en former son rayon de miel, notre jeune anachorète allait visiter les autres ermites, ses voisins, afin de recueillir dans leurs leçons et dans leurs exemples les semences des plus solides vertus. Il apprenait de l'un l'humilité, de l'autre la patience, de celui-ci la componction et de celui-là la charité.

De retour dans sa grotte il ne perdait jamais un seul instant. Le temps qu'il ne donnait pas à la prière et à la lecture des saintes Écritures, était employé au travail des mains ; il s'y appliquait avec tant d'activité qu'il subvenait ainsi à tous ses besoins et, de plus, procurait aux pauvres d'abondantes aumônes. De l'eau, du pain et du sel suffisaient à sa nourriture ; encore ne mangeait-il qu'une fois par jour et après le coucher du soleil. Quelquefois même il restait deux et trois jours sans prendre aucun aliment. Son vêtement était un cilice qu'il recouvrait d'un manteau fait avec des peaux de brebis que resserrait une ceinture. Lorsqu'il accordait quelque repos à ses membres épuisés de fatigue, il n'avait pour lit qu'une simple natte de jonc et le plus souvent la terre nue. Du reste, il donnait très-peu de temps au sommeil et passait la plus grande partie des nuits en de ferventes oraisons.

En un mot, il s'était élevé en peu de temps à un si haut degré de perfection que les autres solitaires, émerveillés de sa ferveur, l'appelaient le *Saint* ou le *Grand Serviteur* de Dieu.

Cependant l'ennemi du genre humain, jaloux de l'éminente sainteté du jeune ermite, et prévoyant combien ses exemples pourraient gagner d'âmes à Jésus-Christ, résolut de mettre tout en œuvre pour le perdre. Joignant à la finesse du renard la force du lion, il cherche à lui inspirer le regret d'avoir quitté le monde, où il aurait pu aisément faire tant de bonnes œuvres ; il jette le trouble et l'inquiétude dans son esprit et lui suggère mille tentations ; puis, pour ne lui laisser aucun repos ni jour ni nuit, il fait retentir à ses oreilles des cris confus et parfois épouvantables. Le jeune athlète ne s'effraie pas et, soutenu par la grâce d'en haut, il demeure impassible et ferme comme un rocher au milieu de tous ces assauts. Plus le démon s'efforce de l'abattre, plus il porte avec amour et confiance ses regards vers le ciel d'où il attend tout son secours. Satan étale sous ses yeux les voluptés de la vie, les douceurs trompeuses de la sensualité, et il prend même les formes les plus séduisantes. Vains efforts ! l'intrépide soldat de Jésus-Christ s'est fortifié par la prière, la vigilance et la mortification, et le seul souvenir des feux dévorants de l'enfer éteint promptement en lui les feux de la concupiscence.

Désespérant de le vaincre sur ce terrain, l'esprit du mal essaie de le séduire par l'orgueil. Il prend l'aspect d'un petit nègre, vient se prosterner aux pieds du serviteur de Dieu et lui fait l'aveu de sa faiblesse : « J'en ai trompé beaucoup, lui dit-il, j'ai renversé de grands personnages ; mais j'avoue que vous êtes plus fort que moi et que vous m'avez vaincu. — Qui es-tu ? lui demande Antoine. — Je suis, repart-il, l'esprit d'incontinence qui a perdu tant d'âmes. — Le Seigneur est ma force, répond Antoine, il me délivrera de mes ennemis ». Le démon disparut aussitôt.

Loin de s'enorgueillir de cette singulière apparition, le saint remercie la divine Bonté de l'avoir assisté si visiblement ; mais, sachant qu'il n'y a jamais de victoire parfaite, ni de repos assuré dans ce monde, il se tient plus que jamais sur ses gardes et redouble ses austérités. Non content de macérer son corps et de le réduire en servitude, il quitte la grotte où il vivait et va s'ensevelir dans le fond d'une caverne qui avait servi de lieu de sépulture. « Quand je serai côte à côte avec un cadavre, se disait-il, l'horreur de ce voisinage me guérira peut-être de la révolte des sens ». Un courage si héroïque ne fait qu'irriter la rage des anges de ténèbres ; ils poursuivent Antoine dans sa lugubre retraite et, Dieu le permettant pour manifester la patience de son serviteur, impuissants sur son âme, ils s'acharnent sur le corps de ce nouveau Job et ils le frappent avec tant de cruauté que, meurtri de coups, baigné dans son sang, il tombe évanoui. Un seul ami d'Antoine connaissait sa retraite. Etant venu, comme d'habitude, apporter le pain qui lui était nécessaire, il l'aperçoit étendu par terre et ne donnant plus aucun signe de vie. Il ne peut s'expliquer ce qui est arrivé. Il le prend sur ses épaules et l'emporte dans l'habitation la plus voisine, afin de faire panser ses plaies et de lui procurer les soins dont il avait besoin. Vers le milieu de la nuit, Antoine reprend connaissance et, comme il s'aperçoit qu'il n'est plus dans sa caverne, il conjure son ami de l'y reporter. A peine y est-il rentré que, malgré ses souffrances aiguës, il provoque à son tour le démon : « Me voici, je suis Antoine, je ne fuis point, je ne me cache pas, je te défie : et toutes tes violences ne me sépareront jamais de Jésus-Christ ».

Outré de dépit, l'esprit infernal appelle ses compagnons à son secours. Il se fait un vacarme épouvantable, on entend des rugissements affreux, on dirait que tout va s'écrouler. En même temps Antoine aperçoit devant lui des spectres horribles, des lions, des taureaux, des serpents, des tigres, des ours et autres bêtes sauvages qui, la gueule béante, veulent se jeter sur lui et le dévorer. Mais sa confiance en Dieu est plus forte que tous ces vains fantômes, et, loin de s'effrayer, il se moque de leur faiblesse et de leur impuissance. Pourquoi venir en si grand nombre attaquer un seul homme? Est-ce que le moindre d'entre vous ne serait pas capable de m'exterminer, si Dieu le lui permettait? Enfin le Seigneur, qui ne laisse jamais tenter ses serviteurs au delà de leurs forces, envoie un rayon de la clarté céleste qui dissipe l'obscurité de la grotte et fait évanouir l'infernale vision. A cette lumière, Antoine reconnaît la présence du Sauveur, et du fond de son âme il lui adresse ces paroles brûlantes d'amour : « Où étiez-vous, bon Jésus, où étiez-vous? Pourquoi n'êtes-vous pas venu dès le commencement afin de guérir mes blessures? — Antoine, répond une voix, j'étais ici et j'attendais la fin du combat et, puisque tu as lutté courageusement et que tu n'as point cédé, je te protégerai le reste de ta vie et je rendrai ton nom célèbre par toute la terre ».

CHAPITRE II.

Antoine quitte sa caverne. — Il déjoue les artifices de Satan. —
 Il s'enferme dans un château abandonné. — Ses luttes avec
 l'enfer. — Après vingt ans, il sort de sa retraite.

La retraite d'Antoine était découverte, et de toutes parts on venait se recommander à ses prières ou lui demander des règles de conduite ; mais Dieu, qui le destinait à élever dans son église une génération nouvelle, jugeait que sa victoire sur l'ennemi du salut n'était pas assez complète : aussi lui réservait-il bien d'autres combats.

Docile à la voix de l'Esprit divin, le jeune ermite, alors âgé de trente-cinq ans, prend congé de l'ami dévoué qui lui apportait sa nourriture et quitte la la caverne témoin de ses terribles luttes avec l'enfer. Il traverse le bras droit du Nil et, apercevant dans le lointain une montagne très-escarpée, il marche dans cette direction. De son côté le démon ne le perd pas de vue et se présente bientôt à sa rencontre. Dans sa route, Antoine aperçoit sur le sable du désert un magnifique plat d'argent qui semblait perdu là par mégarde. De suite il a deviné la ruse de son ennemi : « Qu'avec toi périsse ton argent, misérable, dit-il en se signant de la croix ! » et aussitôt le bassin d'argent disparaît. Un peu plus loin il trouve une quantité considérable d'or qui brille au soleil : il détourne les yeux et précipite ses pas, sans prêter la moindre attention à ce nouveau piége de Satan.

Arrivé sur le sommet de la montagne, il voit un vieux château abandonné depuis longtemps et qui sert de repaire à toute espèce de reptiles; c'est là qu'il va se renfermer. Il prend avec lui du pain et de l'eau pour six mois et mure la porte.

Un seul homme au monde était confident de son secret et devait deux fois par an renouveler ses provisions, encore les descendait-il par une ouverture pratiquée dans le toit sans jamais le voir ni lui parler. Seulement à chaque fois qu'il venait, il entendait à l'intérieur du château un vacarme effroyable : des clameurs, des vociférations, des menaces, les injures les plus grossières. C'étaient les légions infernales qui s'acharnaient contre leur victime et ne voulaient lui laisser ni jour ni nuit le moindre repos.

Mais Antoine, sans s'inquiéter de leur vaine fureur, en profitait, au contraire, pour détacher son cœur de ce monde, s'unir de plus en plus à Dieu par de fréquentes oraisons, et appliquer son esprit aux choses célestes par la plus sublime contemplation.

Pendant vingt ans entiers, il resta ainsi caché et séparé de tout commerce avec les hommes. A la fin, se voyant encore découvert et pressé par les instances des nombreux pèlerins, qui venaient implorer le secours de ses prières, il consentit, quoique à regret, à enlever les pierres qui fermaient la porte de sa retraite.

Après tant d'années passées dans une solitude si affreuse, tous s'attendaient à le trouver pâle, vieilli et décharné. Quelle ne fut pas leur surprise et leur ravissement, quand ils le virent paraître le visage gai et le teint aussi vermeil que s'il eût toujours vécu dans l'abondance et au sein des délices!

CHAPITRE III.

Antoine avait voulu se dérober aux regards des
hommes; mais Dieu, qui exalte les humbles, avait
rendu son nom célèbre, et le bruit de sa sainteté
attirait de tous côtés un grand nombre de disciples, désireux de vivre sous sa conduite. Pour les
recevoir il fallait bâtir des cellules, construire
d'immenses appartements : il se met à l'œuvre ; il
se multiplie, pour ainsi dire ; il dirige les travaux,
préside les réunions et fonde ainsi tant de maisons
religieuses que les déserts d'Arsinoé se trouvent
transformés en véritables villes peuplées d'habitants célestes. Saint Athanase, qui pendant longtemps vint recevoir ses leçons, nous a décrit lui-
même ces merveilles : « Il y a, dit-il, des monastères qui sont comme des temples. Les hommes
qui les remplissent passent leur vie à chanter des
psaumes, à lire, à prier, à jeûner, à veiller,
mettent toutes leurs espérances dans les biens à
venir, sont unis par les liens d'une charité admirable et travaillent moins pour leur entre-

tien que pour celui des pauvres. C'est comme une vaste région absolument séparée du monde, et dont les heureux habitants n'ont d'autre soin que de s'exercer dans la justice et la piété ».

Antoine dirigeait tous ces solitaires, qui ne tardèrent pas à s'élever au nombre de dix mille, et il ne cessait de les animer dans la ferveur par sa vigilance, ses exemples et ses exhortations. Maître versé dans les voies de la perfection, connaissant à fond les ruses du démon qu'il avait déjouées tant de fois, il ne pouvait qu'adresser à ses disciples les plus solides instructions.

Il aimait surtout à leur répéter ces maximes :

« Que le souvenir de l'éternité ne sorte jamais de votre esprit. Pensez le matin que vous ne vivrez peut-être pas jusqu'à la fin du jour, et le soir que peut-être vous ne verrez pas le lendemain. Faites chacune de vos actions comme si elle était la dernière de votre vie, c'est-à-dire, avec toute la ferveur et la piété dont vous êtes capables. Veillez sans cesse contre les tentations, et résistez courageusement aux efforts du démon. Cet ennemi est bien faible, quand on sait le désarmer ; il redoute le jeûne, la prière, l'humilité et les bonnes œuvres. Il ne faut que le signe de la croix pour dissiper ses prestiges et ses illusions. Oui, ce signe de la croix du Sauveur, qui l'a dépouillé de sa puissance, suffit pour le faire trembler ».

Pendant qu'Antoine travaillait à former son

innombrable famille à la vie monastique, il apprend que l'empereur Maximin [1] a rallumé le feu de la persécution (311). Dans l'ardeur de sa charité, brûlant du désir de verser son sang pour Jésus-Christ, il court à Alexandrie, où plusieurs chrétiens ont été jetés en prison et condamnés à mort. Là, vêtu de son habit de moine, comme pour se faire mieux remarquer, il accompagne devant les tribunaux les confesseurs de la foi, les encourage au milieu des tortures et les suit jusqu'au lieu du supplice.

En vain les juges ordonnent à tous les religieux de sortir de la ville : il se montre la journée entière sur la place publique, désirant de toute son âme mourir pour son divin Maître.

La divine Providence se contenta de sa bonne volonté et conserva cette vie précieuse pour ses enfants spirituels.

A peine l'orage est-il passé qu'Antoine retourne à son désert où il était impatiemment attendu ; il règle les affaires les plus urgentes de ses monastères, et se condamne à une séparation du monde plus entière que jamais. N'ayant pu cueillir dans la ville d'Alexandrie la palme de martyre, il veut au moins à force de veilles, de jeûnes et de prières, être toute sa vie martyr dans la solitude.

---

[1] Maximin d'Aia, qui eut le gouvernement de l'Assyrie et de l'Egypte, en 305, prit le titre d'Auguste, en 307, et s'empoisonna à Tarse, en 313.

Plusieurs fois déjà le Seigneur avait manifesté l'éminente sainteté de son serviteur par le don des miracles ; mais à son retour les prodiges se multiplient tellement qu'il serait impossible, dit saint Athanase, de raconter tous ceux que Dieu opéra par son entremise. Il avait une autorité pour ainsi dire absolue sur toutes les maladies, et il exerçait un tel empire sur les démons que son nom seul suffisait pour les tourmenter et délivrer les possédés.

Cette puissance effraya son humilité. Redoutant pour lui la vaine gloire et une trop grande réputation, il résolut de quitter cette contrée, où il était connu, pour pénétrer plus loin dans le désert. Muni de pain, il va sur le bord du Nil et attend un bateau pour traverser le fleuve : « Antoine, où vas-tu ? lui demande une voix. — Je m'en vais dans la Thébaïde, répondit-il, parce que le monde trouble ici mon repos et me demande des choses au-dessus de mes forces. — Laisse ce chemin, reprend la voix, et avance durant trois jours dans le désert ». Aussitôt il obéit, marche trois jours et trois nuits du côté de l'Orient, vers la mer Rouge, et arrive au pied du mont Colzin où Dieu voulait qu'il fixât sa demeure pour le reste de ses jours. Cette montagne était si haute qu'on l'apercevait d'une distance de plus de douze lieues, et si escarpée qu'on ne pouvait la regarder sans frayeur. C'est de là qu'on avait extrait les pierres destinées à construire les fameuses pyramides d'Egypte. Au bas coulait un petit ruisseau bordé de palmiers ; dans le flanc du rocher se trouvait une cellule à peine assez profonde pour qu'un homme pût s'y étendre. Antoine en fit son asile. Il aperçoit aussi un sentier étroit et difficile qui conduit sur la montagne ; il le gravit péniblement et découvre encore deux autres cellules taillées dans le roc. Notre saint remercie la divine Providence qui daigne lui fournir un abri loin des regards du monde ; il la bénit de pouvoir se livrer dans le calme et la solitude à toutes ses pratiques de mortification et de piété.

Sa tranquillité ne fut pas de longue durée. La sainteté est comme l'aimant : elle attire toujours vers elle. Les affligés et les malades, qui ne trouvaient plus leur consolateur et leur médecin dans l'ancien désert d'Arsinoé, allaient à sa recherche dans toutes les directions. De leur côté les moines et les anachorètes voulaient découvrir le père et le directeur qu'ils avaient perdu. Ces démarches ne tardèrent pas à être couronnées de succès, et bientôt le mont Colzin, auparavant désert et presque inconnu, devint célèbre et fréquenté. On accourait de toutes parts consulter l'homme de Dieu et implorer son intercession auprès du Seigneur : il donnait aux uns des avis salutaires et il obtenait par ses prières des miracles en faveur des autres.

Parmi les nombreux malades qui lui durent ainsi la santé, saint Athanase cite en particulier une jeune fille paralysée de tous ses membres, et un nommé Fronton, de la famille de l'empereur, atteint d'une maladie si extraordinaire qu'il se coupait la langue avec les dents. Si parfois, pour des motifs que le Seigneur seul connaissait, ses prières n'étaient pas exaucées, il envoyait ces malades à d'autres solitaires : « Je leur suis bien inférieur en mérite, disait-il, et je m'étonne qu'on vienne me trouver pendant qu'on pourrait s'adresser à eux ».

Du jour où ils avaient découvert sa retraite, ses disciples s'étaient fait un devoir de lui procurer le pain nécessaire ; mais pour lui, craignant de leur être à charge et désireux de se suffire à lui-même, il les pria de lui apporter seulement une cognée, une bêche et un peu de blé pour semence. Chaque année la récolte fut toujours plus que suffisante pour ses besoins. Afin d'avoir aussi quelques légumes à donner aux nombreux visiteurs qui venaient le trouver, il cultivait un petit jardin. A plusieurs reprises des animaux malfaisants l'avaient ravagé. Antoine en prend un sur le fait et lui dit : « Pourquoi me faites-vous du dommage ? moi je ne vous en fais pas. Allez-vous-en d'ici et souvenez-vous que je vous défends d'y revenir ». Ils obéirent à cet ordre, comme à la voix du souverain Maître et ne reparurent plus jamais. Dieu donnait ainsi à son serviteur la puissance dont avait joui le premier homme avant son péché.

Saint Antoine s'occupait encore à faire des nattes avec des feuilles de palmier. Un jour qu'il s'affligeait en voyant que ce travail l'empêchait de se livrer tout entier à la contemplation, un ange du ciel lui apparaît, prend des feuilles de palmier et commence une natte en sa présence ; de temps en temps il interrompt son ouvrage pour s'entretenir avec Dieu dans l'oraison ; puis, après avoir ainsi entremêlé le travail et la prière : « Faites de même, lui dit-il, vous serez sauvé »; et il disparut. Antoine bénit le Seigneur de lui avoir appris à conserver son cœur uni à Dieu pendant que ses mains travaillaient, et depuis il n'omit jamais cette sainte pratique.

Malgré tous ses labeurs il se livrait à la mortification la plus rigoureuse et, à voir ses austérités, on eût dit qu'il n'était point « de chair et d'os ». Quant à son oraison, elle était si sublime et il y trouvait tant de délices et d'attraits qu'il lui arrivait souvent de passer des nuits entières à genoux, uniquement occupé à prier et à méditer la passion et la mort de Notre-Seigneur Jésus-Christ. « Lorsque le soleil était à son couchant, dit Cassien, il se mettait en prière, et, le lendemain matin, quand ses rayons lui donnaient dans les yeux, il se plaignait de ce qu'il venait sitôt lui enlever le charme et le repos de son cœur : « O soleil, s'écriait-il, pourquoi m'ôtes-tu par ta clarté la véritable et éternelle lumière ».

Contre une âme si avancée dans les voies de la

perfection que pouvaient les artifices de l'enfer ? l'esprit du mal n'en voulut pas moins tenter un dernier effort.

Une nuit il rassemble bon nombre de bêtes féroces et, pendant que le pieux solitaire se livre selon sa coutume à l'oraison, il les range devant lui, comme pour le dévorer. « Si Dieu, leur dit le saint sans la moindre émotion, vous a donné quelque puissance sur moi, me voici, déchirez-moi ; mais si vous êtes amenés par le démon, sortez d'ici, je suis le serviteur de Jésus-Christ ». A ces mots tout s'évanouit, et il ne vit plus jamais rien de semblable.

CHAPITRE IV.

Portrait de saint Antoine. — Fondation du monastère de Pispir.
— Visite des autres monastères. — Châtiment de l'impie Balac.
— Antoine est appelé à Alexandrie. — Il réfute les Ariens. —
Il console Didyme l'aveugle. — Il reçoit une lettre de l'empereur. — Dieu lui manifeste l'avenir.

On a dit souvent et avec raison que l'âme se peint dans les yeux, et que la grande sainteté se reflète dans la physionomie : Antoine avait l'abord très-doux, un air souriant et une humeur toujours égale ; jamais on ne le vit s'abandonner à une joie ou à une tristesse excessive, et son visage était si bien composé qu'au premier coup d'œil on était frappé de la majesté de ses traits. Trois moines avaient coutume d'aller le visiter chaque année : deux lui adressaient la parole et lui posaient des questions ; mais le troisième ne prononçait jamais un seul mot. Craignant que ce ne fût l'effet de la timidité, le bon saint lui demanda la raison de son silence. — « Mon père, lui répondit-il, il me suffit de vous voir ».

Afin de mieux profiter de sa sage direction, plusieurs de ses disciples avaient demandé la permission de s'établir près de sa montagne. Mais il leur avait répondu par un refus formel, les exhortant à bâtir de préférence un monastère à douze lieues de là sur le bord du Nil, dans un endroit

nommé Pispir. Cette maison devint très-impor-
tante et, comme elle n'était pas bien éloignée,
il y allait très-fréquemment. C'est même là qu'il
recevait le plus souvent les étrangers qui venaient
le trouver et ne pouvaient aller jusqu'à sa montagne.

Malgré son grand amour pour la retraite, il dut
aussi céder aux pressantes instances de ses anciens
disciples et aller visiter ses premiers monastères.
Partout il fut reçu avec les démonstrations de la
joie la plus vive. Il semblait communiquer sur son
passage le feu de la divine charité dont son cœur
était embrasé, et ses discours inspiraient à tous
un désir plus ardent de croître en vertu et en
sainteté.

Ce fut dans ce même voyage qu'il visita sa sœur
devenue, comme nous l'avons dit, supérieure
d'une réunion de vierges qu'elle édifiait par
l'exemple de toutes les vertus. Il ne l'avait pas
vue depuis qu'il avait quitté le monde ; il ne
devait plus la rencontrer sur la terre. Après avoir
satisfait à tous ces devoirs de charité, il reprit le
chemin de sa montagne, pour s'y retremper dans le
calme et la solitude.

Toute sa vie, Antoine avait eu horreur des hérétiques ; il les appelait des *serpents venimeux* et
disait qu'on devait les fuir plus que les vipères ;
aussi fut-il profondément affligé quand il sut que
les Ariens déchiraient de nouveau le sein de
l'Église et persécutaient les catholiques.

Un juge arien, nommé Balac, lui ayant été signalé comme exerçant des cruautés horribles contre les fidèles et en particulier contre les vierges et les religieux, il s'empressa de lui écrire pour l'exhorter à la modération, et il le menaça de la colère divine s'il continuait ses impiétés.

Ce juge inique daigne à peine prendre connaissance de la lettre ; dès qu'il l'a parcourue, il la déchire, la jette sous ses pieds, et s'emporte en menaces contre son auteur. La justice céleste ne se fit pas longtemps attendre. A quelques jours de là, Balac faisait une promenade à cheval avec Nestor, gouverneur de l'Egypte. Le cheval du gouverneur, d'un naturel jusque-là très-calme, se jette sur Balac, le renverse par terre et le mord plusieurs fois à la cuisse. On s'empresse autour de lui, on l'emporte à la ville meurtri et baigné dans son sang. Deux jours après il était mort.

Cependant les hérétiques continuaient leurs ravages dans la ville d'Alexandrie, et se vantaient même que le grand patriarche du désert était avec eux. Pour les confondre et calmer les esprits, saint Athanase et plusieurs évêques prièrent saint Antoine de se rendre à Alexandrie. La cause de l'Eglise était en jeu : malgré son grand âge, il s'empresse d'accéder à leur demande. A peine son arrivée est-elle connue qu'on accourt autour de lui : tous veulent le voir, tous veulent l'entendre. L'homme de Dieu expose de la manière la plus claire le dogme catholique sur la divinité de Jésus-Christ ; il réfute et anathématise l'erreur des Ariens. On voit que l'esprit de Dieu parle par sa bouche : et qu'il a puisé cette science profonde et ces vives lumières que manifeste chacune de ses paroles dans la vraie et éternelle sagesse à laquelle rien ne résiste.

On ne peut se rassasier de le voir, de l'entendre ; c'est une joie, un enthousiasme indescriptible.

Les prêtres des païens viennent eux-mêmes trouver le grand serviteur de Dieu. Il leur prouve d'une manière invincible que la religion chrétienne est la seule véritable. « Nous autres chrétiens, leur disait-il, en prononçant seulement le nom de Jésus crucifié, nous mettons en fuite ces démons que vous adorez comme des dieux. Leurs prestiges et leurs charmes perdent toute leur force devant le signe de la croix ». Puis confirmant sa parole par les faits, sous leurs yeux, il invoquait le nom de Jésus et faisait le signe de la croix sur des possédés qui tout à coup étaient délivrés et témoignaient à Dieu leur reconnaissance. Beaucoup d'autres prodiges de toute espèce signalèrent chaque jour sa présence, en sorte que, pendant le peu de temps qu'il passa dans Alexandrie, il conquit à la vraie foi plus d'infidèles qu'il ne s'en était converti dans une année entière.

Il y avait alors à Alexandrie un homme très-célèbre appelé Didyme, aveugle depuis quarante ans, et renommé pour sa grande science et son zèle pour la foi. On le présenta au bienheureux qui dans la conversation lui demanda s'il n'éprouvait aucune peine d'avoir perdu la vue. Didyme, après quelque hésitation, lui avoua ingénument la douleur qu'il en ressentait. Le saint l'en reprit affectueusement. « Comment, lui dit-il, pouvez-vous regretter la perte de la vue ? les yeux vous étaient communs avec les mouches, les fourmis et les moindres animaux ; vous devez plutôt vous réjouir d'avoir la lumière qui vous fait voir Dieu même, et qui allume en vous le feu de la science céleste. Cette lumière de l'esprit est infiniment préférable à celle du corps. Il suffit d'un regard impudique pour que nos yeux charnels nous précipitent dans l'enfer ». Didyme se retira charmé de cette entrevue, et il y trouva une grande consolation dans son infirmité.

L'œuvre de Dieu accomplie, le saint ermite ne songea plus qu'à retourner dans sa cellule. En vain le gouverneur d'Egypte voulut le retenir. « Il en est d'un moine, lui répondit-il, comme d'un poisson : l'un meurt s'il quitte l'eau, et l'autre s'il quitte la solitude ». Par respect et par reconnaissance, saint Athanase le conduisit jusqu'aux portes de la ville et là, en le quittant, il le vit encore guérir une jeune fille possédée du démon.

Le nom d'Antoine était connu bien au delà de l'Egypte ; le bruit de sa sainteté avait retenti jusque dans les palais des empereurs et des rois. En l'an 337, Constantin le Grand et ses fils lui écrivirent pour réclamer le secours de ses prières et lui demandèrent réponse. Comme ses disciples étaient émerveillés du grand honneur que lui faisait le maître du monde : « Vous ne devez pas vous étonner, leur dit-il, de ce que je reçois une lettre de l'empereur : c'est un homme qui écrit à un autre homme. Mais étonnez-vous de ce que Dieu nous a fait connaître ses volontés par écrit, et nous a parlé par son propre Fils ». Saint Athanase nous a conservé la lettre qu'il répondit : il exhortait les princes à mépriser le monde et à ne jamais perdre de vue le jugement dernier.

Le saint Patriarche si uni à Dieu dans la contemplation fut souvent ravi en extase, et bien des fois dans ces communications célestes le Seigneur lui fit connaître l'avenir.

Plus de deux ans avant que la persécution des Ariens n'éclatât, il avait eu une vision dans laquelle Dieu lui découvrit, sous la figure de mulets qui renverseraient l'autel à coups de pieds, les terribles ravages que ces hérétiques feraient dans l'Eglise, et il avait même annoncé clairement tous les excès auxquels leur fureur se porterait.

Il avait aussi connu de la même manière la future décadence de l'état monastique ; il en avertit ses religieux. Comme ceux-ci se réjouissaient de voir un si grand nombre de personnes pratiquer dans la solitude la pénitence la plus rigoureuse : « Un jour viendra, leur dit-il les larmes aux yeux, que les moines aimeront la bonne chère, se construiront des bâtiments magnifiques dans les villes, et ne se distingueront plus des personnes du monde que par leur habit. Cependant, malgré ce relâchement général, il s'en trouvera toujours quelques-uns qui conserveront l'esprit de leur état. Aussi leur couronne sera-t-elle d'autant plus glorieuse que leur vertu aura résisté à la multitude des scandales ».

Pour prévenir ce malheur, autant qu'il était en lui, il recommandait fréquemment à tous ceux qui l'entouraient le mépris du monde, la pensée de la mort, la défiance de soi-même et la nécessité d'avancer continuellement dans la perfection.

CHAPITRE V.

Saint Antoine était arrivé à sa quatre-vingt-dixième année, et depuis soixante-dix ans il menait dans le désert la vie la plus austère. Un jour il lui vint à l'esprit que probablement jamais personne n'avait vécu aussi longtemps que lui dans une entière séparation du monde. La nuit suivante, il entendit une voix qui lui disait : « Il y a dans le fond du désert un homme qui t'est bien supérieur : quitte ta cellule et va le trouver ». Obéissant à cet ordre, il part dès le lendemain matin. Après avoir marché deux jours et une nuit, il aperçoit une petite lumière dans le lointain, il hâte le pas de ce côté et trouve la demeure de celui qu'il cherchait. Il le prie de lui ouvrir : mais ce n'est qu'après de longues instances que cette faveur lui est accordée. Quand il l'a enfin obtenue, il se trouve en présence d'un vénérable vieillard qui lui tend les bras en souriant : tous deux s'embrassent avec la plus tendre affection, et, sans s'être jamais connus, s'appellent mutuellement par leur nom : Paul, Antoine.

Pendant qu'ils s'entretiennent de choses spirituelles, un corbeau vole vers eux et laisse tomber un pain entier. « Voilà, dit Paul, ce que Dieu nous envoie pour notre nourriture. Pendant vingt ans, les fruits du grand palmier que vous voyez m'ont servi seuls d'aliments ; mais depuis soixante-dix ans le Seigneur dans son infinie bonté me fournit chaque jour la moitié d'un pain. Aujour-d'hui que vous êtes venu me voir, Jésus-Christ envoie double ration à ses serviteurs ». Tous deux rendent grâce à Dieu et s'asseyent sur le bord de la fontaine pour prendre leur repas. La nuit se passe en prières. Le lendemain matin Paul dit à son hôte : « Je touche à mon heure suprême, la Providence ne vous a conduit ici que pour me rendre les derniers devoirs. Allez donc chercher, pour envelopper mon corps, le manteau que vous a donné l'évêque Athanase ».

Cette demande du manteau d'Athanase surprit saint Antoine. « Dieu seul, se dit-il, a pu révéler ce fait au bienheureux Paul ». Il ne pense qu'à obéir ; et embrassant son hôte il reprend la route de son monastère. « Je ne suis qu'un misérable pécheur, dit-il à ses moines en arrivant, je suis indigne d'être appelé serviteur de Dieu. J'ai vu Elie, j'ai vu Jean-Baptiste dans le désert, en un mot, j'ai vu Paul dans le paradis ». Sans en dire davantage, il entre dans sa cellule, prend le manteau d'Atha-nase et repart aussitôt, dans la crainte que le saint ermite ne mourût pendant son absence. Cette appréhension n'était que trop fondée. Chemin faisant, il voit l'âme du Bienheureux monter au ciel au milieu des anges, des prophètes et des apôtres. « Ah, Paul, s'écriait-il, pourquoi m'abandonnez-vous ? pourquoi ne me donnez-vous pas seulement le loisir de vous dire adieu ? Faut-il que je vous perde si tôt, vous ayant connu si tard ? » Malgré la beauté de ce spectacle, il verse des larmes abondantes, et hâte le pas. Arrivé à la caverne, il aperçoit le saint à genoux, la tête droite et les mains élevées vers le ciel. Il le croit d'abord en oraison, et se met lui-même en prières. Bientôt, hélas ! le doute n'est plus possible ; la mort est réelle ! Alors il s'approche de ce corps vénéré, le revêt du manteau qu'il a apporté et le sort de la caverne. Mais que faire ? il n'a rien, aucun instrument pour creuser une fosse. Dans son embarras la Providence vient à son secours. Du fond du désert deux lions accourent droit à lui. Rien dans leur allure n'annonce leur férocité habituelle. On dirait plutôt qu'ils sont tristes et prennent part à sa douleur. Avec leurs griffes ils grattent la terre et font une fosse assez profonde pour contenir le corps d'un homme, puis ils disparaissent. Saint Antoine récite les prières accoutumées de l'Eglise, descend le corps dans la tombe et le recouvre de terre.

A son retour il fit la relation des merveilles qu'il avait vues de ses yeux ou entendues de la bouche du bienheureux, et, tant était grande son autorité dans l'Eglise, c'est sur son seul témoignage que le nom de Paul, le premier ermite, a éte inscrit dans le *Catalogue des saints*. Avant de dire un dernier adieu à la demeure du vénérable solitaire, Antoine avait recueilli un objet d'un prix inestimable à ses yeux : c'était la tunique que Paul s'était faite avec des feuilles de palmier. Il la conserva avec le plus religieux respect et il s'en revêtait aux fêtes de Pâques et de la Pentecôte.

La divine Providence, qui avait placé dans la vie de notre saint l'épisode de saint Paul, se servit de cette circonstance pour augmenter les mérites de son serviteur. Le souvenir du vieil ermite, sa séparation complète du monde, ses entretiens célestes, sa mort si édifiante et même jusqu'aux derniers devoirs qu'il lui avait rendus étaient pour lui un puissant encouragement à marcher sur ses traces. Dieu lui-même ne le lui avait-il pas offert pour modèle ? A partir de ce moment jusqu'à la fin de sa vie, on le vit en effet redoubler encore de ferveur dans l'oraison, d'austérités dans son genre de vie, d'humilité et de charité dans ses rapports avec les personnes qui venaient le trouver.

De son coté, Dieu récompensait son fidèle serviteur par les faveurs les plus extraordinaires, et, à mesure qu'il avançait en âge, on voyait se multiplier les merveilles obtenues par son entremise.

Bornons-nous à citer un trait charmant, qui peint bien les mœurs de cette époque, et qui, en montrant la puissance de saint Antoine auprès du Seigneur, prouve aussi la confiance illimitée dont il jouissait. C'est Pallade qui le raconte dans son *Histoire religieuse*.

Un habitant d'Alexandrie, nommé Euloge, s'était retiré dans la solitude pour y vivre à la façon des autres ermites ; seulement, sa santé ne lui permettant pas de travailler comme eux, il s'était réservé quelque chose pour subvenir à ses besoins. Afin de compenser cette imperfection par quelque acte de charité, il avait pris avec lui dans sa cellule un pauvre estropié qui ne pouvait mouvoir que la langue et les yeux, et il avait promis à Dieu de le soigner tout le reste de sa vie. Pendant quinze ans, ils vécurent dans la meilleure intelligence. Le perclus ne pouvait assez admirer la charité d'Euloge, et Euloge s'estimait trop heureux de pouvoir servir Notre-Seigneur Jésus-Christ dans la personne de ce malheureux. Mais le démon de la discorde résolut de troubler cette douce union. Il s'empara du corps du pauvre estropié, et, se servant de sa langue, il lui fit vomir mille injures contre son bienfaiteur, le traitant d'hypocrite, de voleur qui cachait ses rapines sous les dehors d'une fausse charité. En vain le pieux Euloge, à force de bons traitements, essaie de calmer le malade et lui donne avec empressement tout ce qu'il demande : le possédé veut à tout prix sortir de cet ermitage, et vivre comme auparavant sur les places publiques.

Euloge désolé consulte les religieux ses voisins : tous lui conseillent d'aller trouver le grand serviteur de Dieu, qui ne manquera pas de le délivrer de ses peines. Ils partent donc tous les deux et viennent se présenter à leur juge. Saint Antoine avait connu, par une révélation divine, qui ils étaient et pourquoi ils venaient. A peine les a-t-il aperçus au milieu de nombreux étrangers, que par trois fois il appelle Euloge.

Celui-ci, ne croyant nullement être connu de l'homme de Dieu, et persuadé qu'il s'adresse à un autre, ne répond pas. Alors, haussant la voix, le saint lui dit : « Euloge d'Alexandrie, c'est à vous que je parle : que venez-vous faire ici ? — Celui qui vous a fait connaître mon nom, repartit Euloge, ne vous aura pas caché le sujet de notre venue. — C'est vrai, répliqua-t-il, mais je veux que vous le disiez à haute voix pour l'édification des frères ». Euloge obéit, raconte tout ce qui s'était passé, et dit qu'il a résolu d'abandonner ce misérable. Saint Antoine le réprimande sévèrement de vouloir renoncer à une si bonne œuvre et délaisser celui pour qui Notre-Seigneur Jésus-Christ avait versé son sang. Puis se tournant vers le malade : « Pauvre et misérable estropié, lui dit-il, qui ne reconnais pas les bienfaits de ton hôte ! C'est le démon qui s'est emparé de ton corps et ensuite de ton âme, pour te faire perdre la patience et t'enlever la persévérance ! » Enfin, s'adressant à tous les deux avec la plus paternelle bonté : « Allez, mes enfants, retournez en paix et hâtez-vous, parce que, si l'ange du Seigneur vous trouve hors de votre cellule, il passera outre et vous perdrez vos couronnes ». Ils s'en retournèrent joyeux l'un et l'autre. Au bout de vingt-quatre jours Dieu appela à lui le bon Euloge, et trois jours après le pauvre estropié.

Saint Antoine, sentant que sa fin approchait, voulut visiter encore une fois ses chers disciples, leur faire ses adieux et leur donner ses dernières instructions ; il était accompagné de ses deux confidents, Macaire et Amathas qui, à cause de son grand âge, ne le quittaient plus. A la nouvelle de sa mort prochaine, les religieux fondirent en larmes et le conjurèrent de rester avec eux jusqu'au dernier moment. Jamais il ne voulut y consentir. Il craignait qu'on n'embaumât son corps, selon la coutume des Egyptiens ; il avait souvent blâmé cet usage comme inconvenant, il le réprouvait donc pour lui-même. Du reste, il avait fait promettre depuis longtemps à Macaire et à Amathas qu'ils mettraient son corps dans la terre, et qu'ils garderaient le secret sur le lieu de son tombeau.

La visite de ses monastères terminée, le saint ermite rentra dans sa cellule et tomba malade peu de temps après. Il réitéra à ses deux disciples la recommandation qu'il leur avait faite sur sa sépulture ; puis il ajouta : « Lorsque le jour de la résurrection sera venu, je recouvrerai de la main de Jésus-Christ ce corps devenu incorruptible. Partagez mes vêtements. Donnez à l'évêque Athanase une de ces peaux de brebis avec le manteau sur lequel je couche ; donnez à l'évêque Sérapion l'autre peau de brebis, et gardez pour vous mon cilice. Adieu ! mes enfants ! Antoine s'en va, et n'est plus avec vous ». En disant ces mots, il leur tend les bras et les presse sur son cœur avec une tendresse paternelle. Ensuite il étend doucement les pieds et croise les mains sur sa poitrine. Un sourire angélique se peint sur son visage, comme s'il voyait le ciel entr'ouvert. Saint Antoine n'était plus, il venait de s'endormir dans le Seigneur.

Sa mort bienheureuse arriva le 17 janvier 356. Il était âgé de cent cinq ans, et, chose merveilleuse, malgré les excessives austérités de sa vie, il n'était sujet à aucune des infirmités qui sont le partage ordinaire de la vieillesse : il n'avait pas perdu une seule de ses dents, sa vue n'avait point baissé, ses jambes étaient restées fermes et son corps robuste. Dieu n'avait pas voulu que le poids des années pesât sur des membres qui avaient toujours travaillé pour sa gloire.

CHAPITRE VI.

Après avoir donné un libre cours à leur juste
douleur, Macaire et Amathas enveloppèrent avec
le plus religieux respect le corps du saint Patriarche,
et l'enterrèrent sans laisser la moindre trace à
l'endroit où il reposait.

. Le bruit de sa mort se répandit promptement
dans tous les monastères. Quoique prévue, la perte
du meilleur des pères arrachait des larmes à ses
enfants ; mais leur douleur ne connut plus de
bornes, quand ils apprirent que personne ne sau-
rait où reposait son corps. Telle était sa volonté
formelle, il fallait la respecter et se soumettre.

On s'empressa de porter la lugubre nouvelle
à l'évêque d'Alexandrie, saint Athanase. En lui
remettant la peau de brebis et le manteau qui lui
étaient destinés, les religieux le prièrent d'écrire
la vie de cet homme de Dieu, qu'il avait vu tant
de fois dans l'intimité et dont il avait lui-même
reçu les leçons. Cédant à leurs instances, saint
Athanase promit de se mettre à l'œuvre. Malgré
ses graves occupations, il étudia soigneusement

les mémoires de Macaire et Amathas, qui n'avaient presque pas quitté notre saint dans ses dernières années, et il composa cette belle vie dont nous venons d'esquisser seulement quelques traits. Encore, après avoir présenté aux solitaires comme modèle les admirables vertus de saint Antoine, ajoutait-il en terminant, que tout ce qu'il avait écrit n'était rien en comparaison de ce qui restait à dire.

Les divers auteurs qui plus tard ont parlé de l'illustre solitaire l'ont fait dans les termes les plus élogieux. Saint Grégoire de Nazianze l'appelle le *divin Antoine*. Saint Jean Chrysostome dit qu'il a presque égalé la gloire des apôtres, qu'il est même une preuve admirable de notre sainte religion, puisque nulle part on ne rencontre un personnage plus accompli. Enfin, la postérité lui a décerné le surnom de Grand.

On comprend après cela que le culte de saint Antoine se soit répandu dans l'Eglise entière avec une grande promptitude. Tous ceux qui l'invoquèrent éprouvèrent promptement que sa puissance, si considérable sur la terre, n'avait fait que s'accroître dans le ciel. Pendant sa vie, il avait été la terreur des démons, et voilà qu'après sa mort son nom seul suffit pour mettre en fuite l'esprit de ténèbres.

Dieu lui-même donna un nouvel élan à cette dévotion. Il y avait plus de deux cents ans que le corps du saint demeurait caché dans l'endroit où ses disciples l'avaient déposé. Le Seigneur ne voulut pas que ce précieux trésor fût plus long-temps enfoui sous la terre, et l'an 561 il révéla miraculeusement l'endroit où il se trouvait. Les saintes reliques furent transportées avec pompe à Alexandrie et, soixante-quatorze ans plus tard, à Constantinople.

Vers l'an 980, un des plus puissants barons du Dauphiné, nommé Jocelin, étant allé à Constantinople visiter l'empereur, fut assez heureux pour en obtenir ce saint corps. De retour dans son pays, il le déposa dans une magnifique église, à la Motte-Saint-Didier, et fit venir de l'abbaye de Mont-majour, près Arles, des religieux bénédictins pour veiller près de lui et réciter l'office canonial.

A la fin du onzième siècle, une maladie conta-gieuse, sorte d'érysipèle connu sous le nom de *feu sacré*, causait d'horribles ravages en France. Un grand nombre de personnes se recomman-dèrent à saint Antoine et furent miraculeusement guéries. Il se fit alors dans le Dauphiné, à l'endroit où reposaient les saintes reliques, un concours prodigieux de processions et de pèlerinages, et bientôt le fléau fut entièrement conjuré. La France entière reconnut publiquement qu'elle devait à l'intercession de saint Antoine la dispa-rition de cette maladie qu'on appela depuis le *feu Saint-Antoine*.

Parmi les innombrables malades qui obtinrent leur guérison, se trouvait le fils d'un riche gentilhomme, nommé Gaston. Par reconnaissance, le père et le fils consacrèrent leur fortune et se dévouèrent à soigner les pauvres malades et les pèlerins qui venaient implorer le secours de saint Antoine. Pour les recevoir, ils firent bâtir auprès du sanctuaire un vaste hôpital. Cet exemple de charité porta ses fruits : un bon nombre d'hommes riches et puissants vinrent s'adjoindre à eux et partager leurs œuvres de miséricorde. Telle fut l'origine de l'Ordre des *Frères Hospitaliers* connus sous le nom d'*Antonins*. Le pape Urbain II, au concile de Clermont (1096), approuva leurs constitutions, et, en 1298, Boniface VIII, après avoir réglé de graves difficultés survenues entre eux et les Bénédictins, décréta que les *Antonins* suivraient la règle de saint Augustin, qu'ils s'appelleraient *chanoines réguliers de Saint-Antoine* et que leur chef prendrait le titre d'abbé. L'Ordre des Antonins se développa rapidement, et il a toujours compté un grand nombre de maisons hospitalières en France et à l'étranger.

Au moment de la grande Révolution, l'abbaye de la Motte-Saint-Didier éprouva le sort commun des biens ecclésiastiques : elle fut vendue. Aujourd'hui elle sert de manufacture. Quant à l'église de l'abbaye, elle est devenue l'église paroissiale de Saint-Antoine, et elle a l'insigne bonheur de posséder toujours les reliques du glorieux patriarche. Le 9 mai 1844, Mgr de Bruillard, évêque de Grenoble, fit ouvrir en sa présence la châsse qui renferme ces ossements sacrés, et il en reconnut l'authenticité.

Chaque année, le jour de l'Ascension, la châsse bénie est portée processionnellement au milieu d'un grand concours de pèlerins. Leur nombre est encore plus considérable à la fête de la Pentecôte et s'élève jusqu'à trois mille. Les autres jours, en particulier le 17 janvier, de pieux solliciteurs viennent, parfois de très-loin, implorer la protection du saint Patriarche et souvent s'en retournent exaucés.

Parmi ces merveilleuses faveurs, en voici une obtenue tout récemment. Elle nous a été racontée par un témoin oculaire, M. l'abbé Labiche, le vénérable curé de la paroisse Saint-Antoine.

Une personne de vingt-quatre à vingt-cinq ans se présente un jour au presbytère avec sa mère et sa sœur, et demande à vénérer les reliques de saint Antoine. Près d'entrer dans le lieu saint, elle est tout à coup saisie de spasmes et de convulsions épouvantables, et, à mesure qu'on approche d'elle le reliquaire, son agitation redouble : elle pousse de véritables hurlements. Ses parents fondaient en larmes. Depuis deux ans, elle était très-souvent en proie à ces terribles commotions. Enfin la crise cesse et toutes trois implorent avec ferveur par l'entremise de saint Antoine la guérison de l'infortunée malade. Elle revint, l'année suivante, remercier son libérateur. Elle avait été radicalement guérie.

Saint Antoine est un des saints les plus chers à la piété des peuples. Qui ne connaît ses images et ses statues? Qui ne l'a vu représenté vêtu d'une robe de couleur brune, la figure encadrée d'une barbe vénérable, tenant dans la main droite un bâton surmonté de la lettre T et une petite sonnette, dans la main gauche un livre ouvert; à côté de lui, un petit cochon, et des flammes sous les pieds?

Chacun de ces signes iconographiques a son explication et sa raison d'être. On comprend qu'un vieillard de cent cinq ans tienne un bâton à la main, qu'un homme de prières et qui lisait souvent les saintes Ecritures ait un livre ouvert; mais que signifie le T? Le voici: Au moyen âge, il y avait un T dans le blason des hôpitaux, et les Antonins portaient un T en étoffe bleue sur leurs habits: ce T rappelle donc que les plus anciens corps hospitaliers en France ont été institués sous le patronage de saint Antoine.

Le petit cochon et la sonnette ont à peu près la même origine. Autrefois on laissait circuler librement les pourceaux dans les rues des grandes villes, aussi bien que dans les villages. Cet usage fut plus tard supprimé à cause des nombreux accidents qu'il occasionnait. Une fois entre autres, dans les rues de Paris, un de ces animaux s'embarrassa entre les pieds du cheval que montait Philippe, fils aîné du roi Louis le Gros. Le cheval effrayé renversa le cavalier qui mourut de sa chute (1131). On défendit alors expressément de laisser errer les pourceaux dans les rues.

Toutefois, à cause des grands services que les Antonins rendaient à la société, on a fait une exception en faveur de ceux qui leur appartenaient. On leur permettait d'aller chercher leur nourriture dans les rues. Seulement, pour qu'ils fussent reconnus, ils devaient porter une petite sonnette au cou. De là ce vieux dicton contre les parasites : *Aller de porte en porte comme le cochon de saint Antoine.*

Enfin les flammes qui sont sous les pieds du saint rappellent la maladie dite *feu Saint-Antoine* qui tant de fois a été *guérie par son entremise.*

CHAPITRE VII.

Il serait trop long d'énumérer toutes les églises
dont saint Antoine est le patron. Dans les grandes
cités, comme dans les plus humbles villages, on
trouve des sanctuaires élevés en son honneur.

Entre mille nous parlerons de celui que pos-
sède la paroisse de Magny-le-Désert, au diocèse de
Séez.

Rien de plus pittoresque que le site de cette
antique chapelle. Elle s'élève dans un vallon
spacieux, où s'ouvrent deux gorges profondes. Au
milieu serpente, sur un lit de cailloux, la rivière
de la Gourbe ; de chaque côté les hauteurs sont
couronnées par un rideau de pins verdoyants ou
par des rochers arides.

On voit encore les débris de la maison occupée
jadis par les religieux qui desservaient cette chapelle. Des restes de haies en terre déterminent
aussi l'emplacement de leur jardin, bordé d'un
côté par un des bras de la Gourbe ; tout près coule
la fontaine où ils allaient puiser l'eau ; enfin à

quelque distance une fertile prairie complétait leur petit apanage.

A quelle époque remonte cette chapelle, et quelle peut être son origine ? Pour répondre à ces questions, nous sommes réduits à de simples conjectures. Est-ce un personnage pieux et riche qui a voulu élever dans cet endroit solitaire une chapelle en l'honneur du grand Patriarche du désert et y fonder un bénéfice ? C'est possible. Ou bien un religieux ermite est-il venu s'abriter au fond de cette vallée et s'y livrer à la contemplation ? Cette idée nous paraîtrait plus vraisemblable.

On sait, en effet, qu'aux sixième et septième siècles il y avait dans nos contrées un grand nombre d'anachorètes dont plusieurs reçoivent dans l'Eglise un culte public. A cette époque, saint Evroult, dans la forêt d'Ouche ; saint Evremont, dans la forêt d'Ecouves, et saint Loyer, près d'Argentan, répandaient autour d'eux, par leurs vertus, la bonne odeur de Jésus-Christ. Pendant que saint Fraimbault, saint Ernier, saint Alvée et saint Bômer sanctifiaient les solitudes du Passais, saint Ortaire s'arrêtait dans la forêt d'Andennes, à l'endroit où s'élève maintenant la chapelle qui porte son nom. N'est-ce point à l'exemple de ces saints personnages qu'un autre solitaire, peut-être même, comme l'insinue une ancienne tradition, un des compagnons de saint Ortaire, serait allé se fixer à quelque distance de lui, dans le vallon de la Gourbe ? Là, prenant pour modèle l'illustre solitaire de la Thébaïde, il lui aurait consacré son modeste oratoire qui, plus tard, serait devenu une chapelle et un bénéfice ? Nous admettrions assez volontiers cette opinion.

Sur une pierre qui surmonte la porte principale de l'édifice on lit : 1691 ; mais cette date ne peut rappeler qu'une restauration, puisque dès l'an 1210, dans une bulle du pape Innocent III, on voit figurer ce bénéfice parmi ceux qui étaient à la présentation de l'abbé de Thouars. Au siècle dernier, cet ermitage, comme tout le pays d'alentour, appartenait au diocèse du Mans, dont l'histoire a été écrite d'une manière si savante par l'illustre bénédictin dom Piolin ; mais les documents que nous puisons de ce côté laissent encore beaucoup à désirer. Les archives de l'évêché du Mans disent seulement : « La chapelle de Saint-Antoine de « l'Ermitage, *alias* de la Trinité de la Héraudière « en Magny-le-Désert, au doyenné de la Roche-« Mabile, située dans la forêt, est à la présentation « de l'abbé de St-Martin de Thouars, au diocèse « de Bayeux. Le titulaire était François Grier, curé « de St-Ouen-le-Paingt, au diocèse de Bayeux, « nommé en octobre 1733, et Michel Faneau, curé « de Sarcé, nommé le 23 mai 1776 ».

Davelu (article Magny-le-Désert) dit simplement : « Il y a une chapelle de la Héraudière qui « vaut 30 livres ».

Comme on le voit, les titulaires du bénéfice de St-Antoine étaient des prêtres ; mais ils ne rési-

daient pas toujours : le plus souvent même, ils se
faisaient remplacer par un et quelquefois deux religieux, chargés de réciter l'office canonial et de
recevoir les pèlerins. On se rappelle encore les
noms des deux derniers : c'étaient le Frère Marin
et le Frère Joseph. De temps à autre, la messe était
dite à la chapelle par les prêtres du voisinage. Un
des derniers qui y célébra le saint sacrifice fut
M. Deloger, curé de la Pallu. Il se proposait de
venir terminer ses jours dans cette pieuse solitude,
lorsque éclata la grande Révolution. Durant cette
triste période de notre histoire, la chapelle de
St-Antoine ne fut pas plus épargnée que les autres
édifices religieux.

Il est vrai que, pendant un certain temps, les
fidèles, se croyant en sûreté dans cet endroit désert,
s'y réunirent pour satisfaire leur piété. Mais, sur une
dénonciation, ils furent surpris, le sanctuaire fut
dévasté et profané ; toutefois l'impiété respecta
la statue du glorieux patron qui dominait l'autel.

A la suite des désordres de la tourmente révo-
lutionnaire, les saints mystères ne furent plus cé-
lébrés dans la chapelle et on n'y fit aucun office.
Néanmoins on continua d'y venir en pèlerinage, et
ce lieu, comme tout ce qui en dépendait, resta
entouré d'une religeuse vénération. Du reste, ceux
qui parfois venaient à l'oublier ne tardaient pas à
s'en ressentir. A ce sujet nous citerons deux faits
qu'on garantit d'une parfaite authenticité ; seulement par discrétion nous tairons les noms propres.

Au commencement du siècle, un dimanche dans l'après-midi, deux jeunes gens se promenaient dans la forêt à quelque distance de la chapelle. L'un d'eux, Isidore C., remarqua çà et là des pierres superposées qui s'élevaient en pyramides; et demanda à son compagnon ce que cela pouvait signifier. Jean V. lui expliqua que dans des temps très-reculés de bons religieux habitaient différents quartiers de cette forêt déserte : il y en avait à Saint-Hortaire, à Saint-Antoine, à Saint-Ursin, etc. De temps en temps, pour s'édifier mutuellement, ces pieux solitaires allaient se visiter ; mais, comme il n'y avait point de sentiers pratiqués à travers ces bois épais, ils plaçaient de distance en distance quelques petits monticules de pierres pour reconnaître leur chemin. Plus tard les pèlerins, en venant visiter leurs chapelles, en avaient fait autant ; enfin d'autres, pour marquer leur voyage ou comme hommage de reconnaissance, élevaient un *petit château*, selon l'expression du pays. — « Eh bien ! reprend Isidore, je m'en vais démolir tous ces châteaux. — Je t'en prie, mon ami, ne le fais pas. Bien des fois j'ai entendu dire à ma grand'mère qu'il ne fallait jamais toucher à ce qui appartenait au bon saint Antoine, parce que cela portait malheur. — Ah ! n'est-ce que cela ? Attends ». Et avec sa canne notre jeune esprit fort renverse tous les petits châteaux qu'il peut découvrir. — « Je m'en vais, dit Jean, je ne veux pas rester là à voir de pareilles choses ». Il part. Bientôt son ami court après lui, et tous deux regagnent leur village.

Le soir Isidore ne peut souper, la nuit une fièvre chaude s'empare de lui ; le lendemain le mal augmente. Un médecin arrive , ses remèdes restent sans effet. Un mois, deux mois se passent, les forces du malade s'épuisent, mais la fièvre ne diminue pas.

Un jour Jean va trouver son ami et lui dit : « — Tu es donc toujours malade, mon pauvre Isidore ? — Oui, et plus que jamais : les remèdes me font plutôt du mal que du bien. — Te rappelles-tu ce que tu as fait dans la forêt le jour que la fièvre t'a pris ? — Eh bien ! — Si c'était une punition. — Ah ! bah ! les saints ne se vengent pas. — C'est vrai, mais le bon Dieu châtie quelquefois ceux qui leur manquent de respect. Adieu, mon ami, meilleure santé ! »

Quand on est cloué sur un lit par la maladie, on a le temps de faire des réflexions sérieuses. Au bout de huit jours Isidore mande son ami : — « Veux-tu venir avec moi en voyage à Saint-Antoine ? — Je veux bien ; mais toi, tu es si faible que tu ne peux y venir, à moins qu'on ne te conduise à cheval ou en voiture. — Non, je veux aller à pied, et avec toi seul ». Le lendemain voilà nos deux pèlerins partis. A peine ont-ils fait quelques centaines de pas qu'Isidore tombe épuisé de fatigue. — « Prends-moi sur ton dos, dit-il à Jean, et allons jusqu'au bout ! » Après bien des haltes,

Jean, traînant son camarade plutôt qu'il ne le porte, arrive enfin à la chapelle. Depuis quelques instants seulement ils étaient en prières, quand tout à coup Isidore s'écrie : « Merci, bon saint Antoine, vous m'avez rendu la santé ! » Il se relève : sans le secours de son ami, il retourne chez lui, et raconte tout à sa mère, qui n'ose en croire ses yeux.

L'autre fait est arrivé quelques années plus tard.

Les loups avaient fait beaucoup de ravages dans la contrée, et une battue avait été autorisée dans la forêt. Le soir plusieurs des chasseurs improvisés se trouvaient réunis près de la chapelle de St-Antoine. — « Qui veut parier, dit l'un d'eux, que d'ici je tue saint Antoine ? » Aussitôt le coup part ; la balle traverse la porte de la chapelle et va se loger entre les pierres de l'autel. Un cri unanime de réprobation et d'indignation accueille cet acte inqualifiable d'impiété. Tout à coup l'arme à feu glisse des mains du jeune sacrilége et roule par terre : il veut la relever, ses mains refusent de le servir. Effrayés, ses compagnons cherchent à lui porter secours. Efforts inutiles ! ses doigts privés de mouvement ne peuvent plus rien serrer : ses mains étaient entièrement paralysées. Consterné, il regagne son domicile.

Un médecin est appelé et déclare qu'il ne voit point de remède. Enfin, après quelques jours de souffrances et d'angoisses, le malade va, en pleurant, solliciter son pardon auprès de saint Antoine, et lui faire amende honorable.

De retour chez lui, il recouvra l'usage complet de ses mains. Cet homme est mort il y a peu d'années. Nous tenons ces détails de celui-là même qui l'a inhumé et qui l'avait beaucoup connu pendant sa vie.

De tels exemples et beaucoup d'autres du même genre ne pouvaient manquer de produire une vive impression sur ceux qui en étaient témoins, et leur inspirer la plus haute idée de la puissance de saint Antoine. De là ce culte si profondément enraciné dans le pays, de là cette confiance pour ainsi dire illimitée en sa bienfaisante intercession, de là cette foi qui obtient les miracles.

Citons-en un nouvel exemple qui nous peint bien le caractère de cette religieuse contrée. Nous le tenons d'un témoin oculaire. Un père de famille, bon cultivateur, mais encore meilleur chrétien, était, à l'âge de trente-cinq ans, sur le point de mourir. Depuis plusieurs mois il était atteint d'une maladie qui, malgré les remèdes, faisait chaque jour de nouveaux progrès. Tout espoir humain étant perdu, il mande le curé de sa paroisse qui lui administre les derniers sacrements. Le soir sa femme, épuisée de fatigue, prenait depuis quelques instants un peu de repos, quand une parente, qui veillait le mourant, vient lui dire que son mari touche à l'heure suprême. Aussitôt elle est auprès de lui. « Fais lever les enfants, lui dit-il d'une voix étouffée, que je les voie encore une fois et que je leur donne ma bénédiction ». Les enfants, fondant en larmes, viennent tour à tour l'embrasser et se rangent à genoux autour de son lit. Quand il lève ses mains défaillantes pour les bénir, la maison retentit de gémissements et de cris. Bientôt tout le village est sur pied, les voisins accourent et ne peuvent que mêler leurs pleurs à ceux de la famille désolée. Enfin l'un d'eux, étouffant son émotion : « Allons, mon ami, courage ! tiens, nous voilà onze hommes, il n'est pas encore minuit, nous allons tous à l'instant faire pour toi un voyage à Saint-Antoine ». Et aussitôt nos onze pèlerins, au milieu de la nuit, à travers la forêt, courent à la chapelle. A peine avaient-ils eu le temps d'y arriver que le moribond crie à son épouse : « Soulève-moi vite, j'étouffe ! je meurs ! » Au même instant il vomit des flots de sang et de pus d'une odeur si fétide qu'on ne peut tenir dans la maison. Quand les pèlerins reviennent auprès du malade, quelle n'est pas leur joie de l'entendre leur dire : « Mes amis ! je suis sauvé ! Après le bon Dieu et le bon saint Antoine, je vous dois la vie. J'avais un dépôt intérieur qui devait m'étouffer, je suis soulagé, je me sens guéri ! » En effet, dès le lendemain on put faire son lit, et quelques jours après il reprenait sa charrue. Cet homme a encore vécu cinquante-trois ans, modèle des pères et des époux, et surtout modèle de dévotion envers saint Antoine.

Rarement les pèlerins de Saint-Antoine allaient les mains vides et, comme chaque année on les comptait par milliers, le chiffre des aumônes atteignait une somme importante. D'un autre côté, le clergé ne faisait plus aucun office dans la chapelle.

Dans ces circonstances l'administration forestière, vers l'an 1844, crut pouvoir s'en emparer ; mais, devant l'attitude énergique de l'administration locale et les réclamations de toute la la contrée, elle dut modérer ses prétentions. Une transaction a été faite en 1854. La jouissance de la chapelle de Saint-Antoine est restée la possession incontestée de la paroisse de Magny.

C'était surtout le Vendredi-Saint et le premier vendredi de chaque mois que les fidèles allaient autrefois faire leurs dévotions à Saint-Antoine. Bien des fois nous nous sommes demandé pourquoi ils choisissaient de préférence le Vendredi-Saint et le premier vendredi du mois ; pourquoi ces petites croix en bois qu'ils aiment à placer autour de la chapelle et auprès de la fontaine ? Evidemment c'est pour le même motif. La croix nous rappelle la Passion de Jésus-Christ ; le Vendredi-Saint et le premier vendredi de chaque mois sont consacrés d'une manière spéciale à honorer la Passion du divin Sauveur.

Mais d'où vient cet usage ? Est-ce à cause de la grande dévotion de saint Antoine pour la Passion de Notre-Seigneur ? Nous ne croyons pas que ce soit la principale raison. C'est plutôt, comme le rapportent les plus anciennes traditions, que les religieux possédaient autrefois quelques reliques des instruments de la Passion et que les fidèles venaient les vénérer le Vendredi-Saint, au lieu d'aller dans leurs églises adorer la Croix.

CHAPITRE VIII.

Dans les desseins de la divine Providence le
sanctuaire de Saint-Antoine, consacré par tant
de merveilles, ne devait point disparaître sous
l'action destructive du temps, mais bien se
relever plus glorieux que jamais. Depuis quelques
années les grâces miraculeuses qui s'y multi-
pliaient annonçaient assez que l'heure de la restauration allait bientôt sonner.

Le 13 octobre 1875, M. le maire de Magny,
unissant la foi du chrétien à la sollicitude du
magistrat, fit afficher dans sa commune et dans
les paroisses environnantes l'avis suivant : « Des
« mesures vont être prises pour restaurer entière-
« ment la chapelle de Saint-Antoine ; les nombreux
« pèlerins qui la visitent avec tant de foi sont,
« ainsi que les gens de bonne volonté, invités à
« participer à cette œuvre pieuse en voulant bien
« déposer leur offrande chez M. Défourneaux,
« maire de Magny-le-Désert, ou chez M. Lebou-
« cher Auguste, gardien de ce lieu qui, depuis

« plusieurs siècles, est en si grande vénération
« parmi toutes les populations de la contrée ».

De son côté, l'administration ecclésiastique s'empressa de seconder ce religieux élan. Prévenu de ce qui se passait par M. l'abbé Macé, curé doyen de la Ferté-Macé, Mgr Charles-Frédéric Rousselet, évêque de Séez, prit des informations auprès de M. l'abbé Bisson, curé de Magny-le-Désert. La réponse ne se fit pas attendre : Nous l'empruntons à la *Semaine catholique* de Séez, n° du 20 janvier 1876 :

« MONSEIGNEUR,

« Aux diverses questions de Votre Grandeur par rapport à la chapelle de Saint-Antoine, voici ma réponse :

« En ce qui me concerne personnellement, comme curé de la paroisse, je suis content de l'entreprise de M. le maire; j'en approuve l'exécution, dirigée par M. Delauney (Félix), supérieur du petit séminaire de St-Joseph à la Ferté-Macé, et m'unis à tout le pays pour solliciter une bénédiction solennelle le 17 janvier prochain.

« Entre autres avantages qu'apportera cette bénédiction, je signale à Votre Grandeur la cessation d'une situation anormale pour la dévotion la plus populaire de nos contrées. Même les impies, qui ont abandonné toute pratique religieuse, conservent la confiance en saint Antoine, et tiennent à contribuer par leur offrande à la restauration de son sanctuaire.

« On porte généralement à dix mille le nombre des visiteurs de la chapelle de Saint-Antoine, chaque année ; plusieurs viennent de fort loin. Tout dernièrement elle reçut la visite d'une famille de Lisieux, accompagnée d'un ecclésiastique qui se proposait d'y célébrer la messe, parce qu'ils avaient appris, disaient-ils, que la chapelle était restaurée et rendue au culte.

« On n'a d'autre embarras que celui du choix, quand il s'agit de personnes déclarant avoir obtenu des faveurs du ciel par l'entremise de saint Antoine. Je cite d'abord M. l'abbé Durand, curé d'Almenèches. Il affirme qu'en 1852, n'étant encore que diacre, il fut pris d'une grosse maladie, dont il se trouva guéri à la suite d'un voyage à Saint-Antoine. M. l'abbé Rombault, condisciple et ami de M. Durand, faisait partie du voyage.

« Il y a moins d'un an, un vénérable octogénaire de Saint-Ouen-le-Brisoult, dont l'habitation est peu distante de la chapelle, le père de M. l'abbé Vauloup, me tenait, pendant une demi-heure, suspendu à ses lèvres, au récit de grâces extraordinaires dues à la médiation, comme il disait, *de notre bon saint Antoine.* — Tout dernièrement une excellente personne, qui certes n'est pas exaltée, me priait de faire parvenir son offrande au maire, parce qu'elle avait obtenu une grâce demandée à saint Antoine. — Au moment même où j'écris cette lettre, M. l'adjoint, qui tient la' mairie, me dit que ce matin une mère de famille lui racontait : « Ma petite fille était abandonnée « des médecins, je la menai à Saint-Antoine ; après « le retour elle éprouva un très-violent accès de « fièvre, mais ce fut le dernier. Depuis elle se « porte parfaitement ». — Enfin, un fait qui a provoqué une explosion de réclamations pour la restauration de la chapelle est la guérison subite et complète, il y a trois mois, d'une dame Chastel, de la Sauvagère. J'ai vu cette femme avant et après sa guérison. Il est impossible de ne pas reconnaître qu'il s'est passé en elle quelque chose d'extraordinaire. Elle avait à une jambe une plaie réputée incurable. Tout a disparu. — Voilà, Monseigneur, ce que j'ai cru avoir à répondre aux questions que Votre Grandeur m'a fait l'honneur de m'adresser. Ces détails je les déclare vrais, et, dans l'espoir qu'ils vous détermineront à accorder sans retard la faveur d'une bénédiction solennelle pour la chapelle de Saint-Antoine, je suis, Monseigneur, de Votre Grandeur le très-humble et obéissant serviteur,

« E. Bisson,
« *Curé de Magny-le-Désert* ».

Sa Grandeur, toujours prête à encourager les bonnes œuvres, octroya pleinement cette demande. Le lundi 17 janvier 1876, jour de la fête du grand saint Antoine, fut choisi pour la bénédiction si ardemment désirée. La chapelle, réparée avec un goût exquis, avait été pour la circonstance tapissée de guirlandes de feuillages. Tout le clergé du pays s'y était donné rendez-vous. Malgré la neige et la saison rigoureuse, longtemps avant l'heure fixée, elle était remplie d'une foule compacte : on pouvait estimer à près de trois mille les personnes qui étaient venues affirmer leur foi et témoigner leur sympathie pour la restauration du vénéré sanctuaire. Il était plus de midi quand la cérémonie fut terminée, et cependant la foule ne pouvait s'arracher de ce lieu bénit. Durant le reste de la journée, la chapelle fut littéralement assiégée, et les plus ferventes prières ne cessèrent de monter vers le trône de son glorieux patron.

A partir de ce moment, le pèlerinage de Saint-Antoine entre dans une phase nouvelle. Les faveurs signalées, déjà si communes autrefois, deviennent de plus en plus nombreuses et presque quotidiennes. Ici c'est une petite fille de trois ans qu'un tour de reins empêche de se tenir sur les jambes : on la pose dans la chapelle, et, pendant qu'on récite les *Pater* et les *Ave* de la neuvaine, elle se lève toute seule et se promène à travers le sanctuaire sans nullement chanceler. Là c'est un soldat, dont nous avons sous les yeux le témoignage écrit, qui, poursuivi par la fièvre depuis son retour du service, vient prier saint Antoine et est guéri à l'instant même. Que de mères de famille ont recommandé leurs enfants et ont été exaucées ! Que de maladies guéries ! Que de conversions obtenues ! Que de douleurs adoucies ! Que d'afflictions consolées ! On comprend que sur ce terrain il serait difficile et surtout bien délicat d'entrer dans de longs détails. Nous nous contenterons seulement de rapporter ici une parole qui nous semble résumer tout ; c'est celle d'un enfant de dix à onze ans. Un jour il va demander la clef de la chapelle, afin que le vicaire de sa paroisse, située à plusieurs lieues de distance, puisse y dire la messe à l'intention d'un malade. — « Mais, mon enfant, lui dit-on, tu connais donc la chapelle de Saint-Antoine ?— Oh ! oui, j'y suis déjà venu une fois pour mon petit frère, qui était malade. — Eh bien ! a-t-il été guéri ? — S'il a été guéri ! Vraiment oui ! saint Antoine n'accorde-t-il pas tout ce qu'on lui demande ! »

Non-seulement les prêtres des environs, à la tête de leurs paroissiens, y viennent fréquemment offrir le saint sacrifice ; mais encore de tous les côtés, à chaque heure du jour, les fidèles, comme les chétiens du quatrième siècle, accourent aux pieds du grand Patriarche du désert, et s'en retournent toujours heureux et fortifiés. Rien que la ferveur des assistants et l'entrain indicible avec lequel ils chantent les cantiques et les litanies de saint Antoine inspirent à l'âme la confiance et la remplissent d'une véritable émotion.

Avec l'affluence toujours croissante des pèlerins, les offrandes grossissent, et, pendant que les uns, par des fleurs, des statues, des ornements, enrichissent l'édifice à l'intérieur, l'argent des autres sert à le couronner d'un élégant clocher. A son tour Mme de M***, dont le ciel a voulu, trop tôt pour la terre, récompenser les vertus, a fait présent d'une cloche qui, en convoquant les fidèles à la prière, réveille les échos trop longtemps silencieux de la forêt. La piété et la verve de M. de M***, parrain de la cloche, inspirées par la cérémonie du baptême, ont fait éclore de gracieuses poésies. Elles ont été recueillies dans une charmante brochure mise à la disposition des pèlerins.

Tout dernièrement un porche élégant, construit en avant de l'entrée principale, tout en agrandissant la chapelle, fournit aux visiteurs un abri précieux. Une galerie, formée par des lettres artistement découpées, semble soutenir l'entablement. C'est un don offert par le petit séminaire de la Ferté-Macé. On y lit : *Chapelle dédiée à saint Antoine surnommé le Grand, solitaire d'Egypte.*

Enfin le Seigneur, pour rehausser dans cette contrée la gloire de saint Antoine et le respect dû à son sanctuaire, vient de lui réserver une insigne faveur. En faisant des recherches sur les reliques de notre illustre Saint, nous avons eu l'immense bonheur d'obtenir de l'évêché de Grenoble un fragment de ses ossements vénérés, dont la translation se fera avec la plus grande solennité. La présence de ce trésor inestimable dans la chapelle de Magny-le-Désert sera pour tout le pays, nous n'en pouvons douter, une source nouvelle et féconde de grâces et de bénédictions.

Qu'on nous permette donc de terminer cet opuscule par ces paroles prononcées le 17 janvier 1876, après la bénédiction de la chapelle : « Honneur aux religieuses populations qui ont rivalisé de zèle pour rendre ce sanctuaire plus digne de son glorieux patron ! Honneur à l'administration de cette commune qui a entrepris cette œuvre de restauration avec tant d'ardeur et de foi ! Honneur à l'habile main qui a dirigé ces travaux avec autant de goût que de talent ! Honneur surtout au digne pasteur de cette paroisse ! car, grâce à la sagesse de son administration, grâce à la persévérance de ses efforts, cette enceinte, naguère encore solitaire et muette, retentit maintenant de nos chants liturgiques, et les échos de la forêt répéteront à l'envi de générations en générations : *Sancte Antoni, ora pro nobis !* »

LITANIES DE SAINT ANTOINE

Kyrie, eleison.
Christe, eleison.
Kyrie, eleison.
Christe, audi nos.
Christe, exaudi nos.
Pater de cœlis, Deus, miserere nobis.
Fili, Redemptor mundi, Deus, miserere nobis.
Spiritus sancte, Deus, miserere nobis.
Sancta Maria, ora pro nobis.
Sancte Antoni, eremitarum patriarcha,
Sancte Antoni, sacrarium cœlestis Sapientiæ,
Sancte Antoni, cultor sapientiæ,
Sancte Antoni, sectator justitiæ,
SancteA ntoni, victor concupiscentiæ,
Sancte Antoni, crucis amantissime,
Sancte Antoni, lilium innocentiæ,
Sancte Antoni, zelator Evangelii,
Sancte Antoni, præco Verbi Dei,
Sancte Antoni, interpres Spiritus sancti,
Sancte Antoni, terror dæmonum,
Sancte Antoni, exemplar perfectorum,
Sancte Antoni, germane apostolorum,
Sancte Antoni, doctor errantium,
Sancte Antoni, patrator miraculorum,
Sancte Antoni, consolator afflictorum,

Sancte Antoni, defensor innocentium,
Sancte Antoni, mutorum eloquium,
Sancte Antoni, dæmonum effugator,
Sancte Antoni, captivorum liberator,
Sancte Antoni, infirmorum curator,
Sancte Antoni, mortuorum resuscitator,
Sancte Antoni, cæcorum illuminator,
Sancte Antoni, perditarum rerum repertor,
Sancte Antoni, litigantium justitiæ defensor,
Sancte Antoni, semen cœlestis puritatis,
Sancte Antoni, gemma paupertatis,
Sancte Antoni, amator apostolicæ perfectionis,
Sancte Antoni, forma caritatis,
Sancte Antoni, in mari periclitantium salus,
Sancte Antoni, omnium te vocantium adjutor,
Agnus Dei, qui tollis peccata mundi, parce nobis, Domine.
Agnus Dei, qui tollis peccata mundi, exaudi nos, Domine.
Agnus Dei, qui tollis peccata mundi, miserere nobis.
Christe, audi nos.
Christe, exaudi nos.
℣ Amavit eum Dominus et ornavit eum.
℟ Stolam gloriæ induit eum.

OREMUS.

Intercessio nos, quæsumus, Domine, beati Antonii abbatis commendet : ut, quod nostris meritis non valemus, ejus patrocinio assequamur. Per Dominum. Amen.

Ora pro nobis.

LITANIES DE SAINT ANTOINE

Seigneur, ayez pitié de nous.
Christ, ayez pitié de nous.
Seigneur, ayez pitié de nous.
Christ, écoutez-nous.
Christ, exaucez-nous.
Père céleste, qui êtes Dieu, ayez pitié de nous.
Fils, Rédempteur du monde, qui êtes Dieu, a. p. d. n.
Esprit-Saint, qui êtes Dieu, a. p. d. n.
Trinité sainte, qui êtes un seul Dieu, a. p. d. n.
Sainte Marie, priez pour nous.
Saint Antoine, patriarche des ermites,
Saint Antoine, sanctuaire de la sagesse céleste,
Saint Antoine, ami de la sagesse,
Saint Antoine, observateur de la justice,
Saint Antoine, vainqueur de la concupiscence,
Saint Antoine, amant passionné de la Croix,
Saint Antoine, lis d'innocence,
Saint Antoine, zélateur de l'Evangile,
Saint Antoine, héraut du Verbe divin,
Saint Antoine, interprète de l'Esprit-Saint,
Saint Antoine, terreur des démons,
Saint Antoine, modèle des parfaits,
Saint Antoine, frère des apôtres,
Saint Antoine, docteur de ceux qui s'égarent,
Saint Antoine, qui opérez des miracles,
Saint Antoine, consolateur des affligés,
Saint Antoine, défenseur des innocents,
Saint Antoine, parole de ceux qui sont muets,
Saint Antoine, qui mettez les démons en fuite,

Saint Antoine, libérateur des captifs,
Saint Antoine, qui guérissez les infirmes,
Saint Antoine, qui ressuscitez les morts,
Saint Antoine, qui rendez la vue aux aveugles,
Saint Antoine, qui retrouvez les choses perdues,
Saint Antoine, défenseur de ceux qui luttent pour
    la justice,
Saint Antoine, germe de pureté céleste,
Saint Antoine, perle de pauvreté,
Saint Antoine, amateur de la perfection aposto-
    lique,
Saint Antoine, type de la charité,
Saint Antoine, salut de ceux qui sont exposés
    aux dangers de la mer,
Saint Antoine, secours de tous ceux qui vous in-
    voquent,
Agneau de Dieu, qui effacez les péchés du monde,
    pardonnez-nous, Seigneur.
Agneau de Dieu, qui effacez les péchés du monde,
    exaucez-nous, Seigneur.
Agneau de Dieu, qui effacez les péchés du monde,
    ayez pitié de nous, Seigneur.
Christ, écoutez-nous,
Christ, exaucez-nous.
    ℣ Le Seigneur l'a aimé et comblé d'honneur.
    ℟ Il l'a revêtu d'une robe de gloire.

PRIONS

Seigneur, puisse l'intercession du bienheureux Antoine, abbé, nous rendre agréables à vos yeux : afin
que nous obtenions, par sa protection, les grâces
que nous ne pouvons espérer de nos mérites. Par
Jésus-Christ Notre-Seigneur. Ainsi soit-il.

TABLE DES MATIÈRES

Bar-le-Duc. — Typ. des CÉLESTINS. — BERTRAND.